Les plus belles chansons de tous le

Illustré par Claudine
et Roland Sabatier

Gallimard Jeunesse

ISBN : 2-07-051687-3
© Éditions Gallimard Jeunesse, 1984,
1997 pour la présente édition
© Éditions Fœtisch, pour *Le vieux chalet*, de Joseph Bovet
Numéro d'édition : 83599
Loi n° 49-956 du 16 juillet 1949
sur les publications destinées à la jeunesse
Dépôt légal : novembre 1997
© Christiane Schneider und Tabu Verlag Gmbh, München
pour le design de la couverture
Imprimé en Italie par la Editoriale Libraria

Vent frais

Vent frais, vent du ma- tin, Sou- le- vant le som-met des grands pins,

Joie du vent qui souffle, al- lons dans le grand

Canon à trois voix

Un canon à trois voix qui a été composé dans les années cinquante.

Vent frais, vent du matin,
Soulevant le sommet des grands pins,
Joie du vent qui souffle, allons dans le grand
Vent frais...

Les compagnons de la Marjolaine

Le chevalier du guet était le chef des soixante hommes qui, durant toute la nuit, patrouillaient dans les rues de Paris pour assurer la sûreté

Qu'est-c' qui passe ici si tard,
Compagnons de la Marjolaine,
Qu'est-c' qui passe ici si tard,
Gai, gai, dessus le quai ?

C'est le chevalier du guet,
Compagnons de la Marjolaine,
C'est le chevalier du guet,
Gai, gai, dessus le quai.

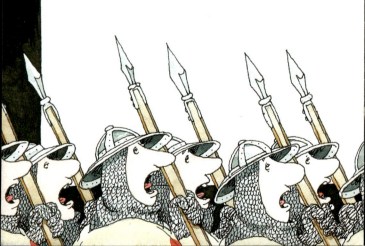

Que demande le chevalier,
Compagnons de la Marjolaine ?
Que demande le chevalier,
Gai, gai, dessus le quai ?

Une fille à marier,
Compagnons de la Marjolaine,
Une fille à marier,
Gai, gai, dessus le quai.

Sur les minuit repassez,
Compagnons de la Marjolaine,
Sur les minuit repassez,
Gai, gai, dessus le quai.

Voilà les minuit passés,
Compagnons de la Marjolaine,
Voilà les minuit passés,
Gai, gai, dessus le quai.

de la ville, celle des reliques de la Sainte-Chapelle, comme celle des biens et des marchandises. Ils portaient également secours dans les incendies, fréquents à l'époque où les maisons étaient en bois. Les Compagnons de la Marjolaine étaient très populaires pour les nombreux services qu'ils rendaient.

Qu'est-c' que vous me donnerez,
Compagnons de la Marjolaine ?
Qu'est-c' que vous me donnerez,
Gai, gai, dessus le quai ?

De l'or, des bijoux assez,
Compagnons de la Marjolaine,
De l'or, des bijoux assez,
Gai, gai, dessus le quai.

Je n'suis pas intéressée,
Compagnons de la Marjolaine,
Je n'suis pas intéressée,
Gai, gai, dessus le quai.

Mon cœur je vous donnerai,
Compagnons de la Marjolaine,
Mon cœur je vous donnerai,
Gai, gai, dessus le quai !

Ne pleure pas, Jeannette

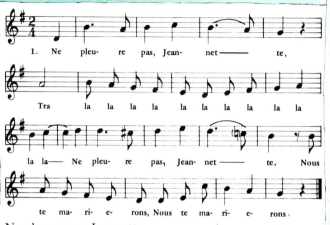

Ne pleure pas, Jeannette,
Tra la la la la la la la la la la la la,
Ne pleure pas, Jeannette,
Nous te marierons. *(bis)*

Avec le fils d'un prince, Tra la la…
Avec le fils d'un prince,
Ou celui d'un baron. *(bis)*

Je ne veux pas d'un prince
Encor moins d'un baron.

Je veux mon ami Pierre
Celui qu'est en prison.

Tu n'auras pas ton Pierre
Nous le pendouillerons.

Si vous pendouillez Pierre
Pendouillez-moi avec.

Et l'on pendouilla Pierre
Et la Jeannette avec.

Malbrough s'en va-t-en guerre

1. Mal-brough s'en va-t-en guer-re, Mi-ron-ton, mi-ron-ton, mi-ron-tai-ne Mal-brough s'en va-t-en guer-re, Ne sait quand re-vien-dra, Ne sait quand re-vien-dra, Ne sait quand re-vien-dra

Nous sommes le 11 septembre 1709, près du hameau de Malplaquet, dans le Nord de la France. D'un côté, 120 000 hommes de troupe, Anglais et Hollandais, et 120 canons, sous le commandement d'Eugène de Savoie — Carignan et de John Churchill, duc de Marlborough.

Malbrough s'en va-t-en guerre,
Mironton, mironton, mirontaine,
Malbrough s'en va-t-en guerre,
Ne sait quand reviendra. *(ter)*

Il reviendra-z-à Pâques,
Mironton, mironton, mirontaine,
Il reviendra-z-à Pâques,
Ou à la Trinité. *(ter)*

La Trinité se passe,
Mironton, mironton, mirontaine,
La Trinité se passe,
Malbrough ne revient pas.

Madame à sa tour monte,
Mironton, mironton, mirontaine,
Madame à sa tour monte,
Si haut qu'elle peut monter.

Ell'voit venir son page,
Mironton, mironton, mirontaine,
Ell'voit venir son page,
Tout de noir habillé.

« Beau page, mon beau page,
Mironton, mironton, mirontaine,
Beau page, mon beau page,
Quelles nouvell's apportez ? »

« Aux nouvell's que j'apporte,
Mironton, mironton, mirontaine,
Aux nouvell's que j'apporte,
Vos beaux yeux vont pleurer.

Quittez vos habits roses,
Mironton, mironton, mirontaine,
Quittez vos habits roses,
Et vos satins brochés.

En face, 80 000 soldats français et 80 canons, dirigés par Claude-Louis-Hector, duc de Villars, maréchal de France, et le vieux Louis-François, duc de Boufflers, lui aussi maréchal. Ces deux armées s'affrontent toute la journée pour assurer la suprématie sur tout le quart nord-ouest du royaume de Louis XIV. Hélas, Villars est gravement blessé et c'est la terrible défaite des Français. Le vainqueur de Malplaquet est incontestablement l'Anglais Marlborough. Les Français, vaincus par les armes, se vengèrent en imaginant cette chanson burlesque de Malbrough, *rendue populaire vers la fin du XVIIIe siècle seulement.*

Malbrough s'en va-t-en guerre

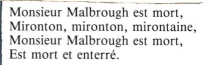

Monsieur Malbrough est mort,
Mironton, mironton, mirontaine,
Monsieur Malbrough est mort,
Est mort et enterré.

J' l'ai vu porter en terre,
Mironton, mironton, mirontaine,
J' l'ai vu porter en terre,
Par quatre-z-officiers.

L'un portait sa cuirasse,
Mironton, mironton, mirontaine,
L'un portait sa cuirasse,
L'autre son bouclier.

L'un portait son grand sabre,
Mironton, mironton, mirontaine,
L'un portait son grand sabre,
L'autre ne portait rien.

A l'entour de sa tombe,
Mironton, mironton, mirontaine,
A l'entour de sa tombe,
Romarins fut planté.

Sur la plus haute branche,
Mironton, mironton, mirontaine,
Sur la plus haute branche,
Un rossignol chantait.

On vit voler son âme,
Mironton, mironton, mirontaine,
On vit voler son âme,
Au travers des lauriers.

La cérémonie faite,
Mironton, mironton, mirontaine,
La cérémonie faite,
Chacun s'en fut coucher.

Les uns avec leurs femmes,
Mironton, mironton, mirontaine,
Les uns avec leurs femmes,
Et les autres tout seuls !

J' n'en dis pas davantage,
Mironton, mironton, mirontaine,
J' n'en dis pas davantage,
Car en voilà-z-assez ».

Aux marches du palais

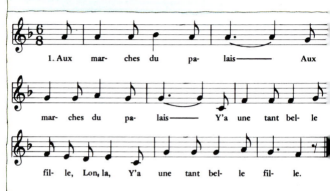

Cette romance de Touraine se chantait couramment durant les veillées d'automne, voici un peu plus de deux cents ans.

Aux marches du palais *(bis)*
Y'a une tant belle fille,
 Lon, la,
Y'a une tant belle fille.

Elle a tant d'amoureux *(bis)*
Qu'ell' ne sait lequel prendre,
 Lon, la,
Qu'elle ne sait lequel prendre.

C'est un p'tit cordonnier
Qu'a eu la préférence...

Et c'est en la chaussant
Qu'il fit sa confidence...

La bell' si tu voulais
Nous dormirions ensemble...

Dans un grand lit carré
Parfumé de lavande...

Aux quatre coins du lit
Un bouquet de pervenches...

Dans le mitan du lit
La rivière est profonde...

Tous les chevaux du roi
Pourraient y boire ensemble...

La bell' si tu voulais
Nous dormirions ensemble...

Et nous serions heureux
Jusqu'à la fin du monde.

Cadet Rousselle

1. Ca- det Rous- selle a trois mai- sons, Ca- det Rous- selle a trois mai- sons, C'est pour lo- ger les hi- ron- del- les,
Qui n'ont ni pou- tres, ni che- vrons, Qui n'ont ni pou- tres, ni che- vrons, Que di- rez-vous d'Ca-det Rous-sel- le ?.
Ah ! Ah ! Ah! oui, vrai- ment, Ca- det Rous-selle est bon en- fant.

La mélodie de cette chanson date des années 1780; les paroles sont

l'œuvre d'un soldat des régiments français partis en 1792 défendre en Brabant la jeune Ire République encore bien chancelante.

Cadet Rousselle a trois maisons *(bis)*
Qui n'ont ni poutres, ni chevrons *(bis)*
C'est pour loger les hirondelles,
Que direz-vous d'Cadet Rousselle ?
Ah ! Ah ! Ah ! oui vraiment,
Cadet Rousselle est bon enfant.

Cadet Rousselle a trois habits *(bis)*
Deux jaunes, l'autre en papier
  gris *(bis)*
Il met celui-là quand il gèle,
Ou quand il pleut, ou quand il grêle
Ah ! Ah ! Ah ! oui vraiment,
Cadet Rousselle est bon enfant.

Cadet Rousselle a trois beaux yeux,
L'un r'garde à Caen, l'autre à
  Bayeux,
Comme il n'a pas la vu' bien nette,
Le troisième, c'est sa lorgnette.
Ah ! Ah ! Ah ! oui vraiment,
Cadet Rousselle est bon enfant.

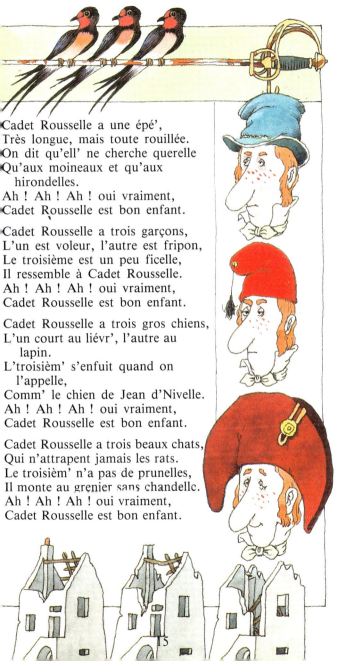

Cadet Rousselle a une épé',
Très longue, mais toute rouillée.
On dit qu'ell' ne cherche querelle
Qu'aux moineaux et qu'aux hirondelles.
Ah ! Ah ! Ah ! oui vraiment,
Cadet Rousselle est bon enfant.

Cadet Rousselle a trois garçons,
L'un est voleur, l'autre est fripon,
Le troisième est un peu ficelle,
Il ressemble à Cadet Rousselle.
Ah ! Ah ! Ah ! oui vraiment,
Cadet Rousselle est bon enfant.

Cadet Rousselle a trois gros chiens,
L'un court au liévr', l'autre au lapin.
L'troisièm' s'enfuit quand on l'appelle,
Comm' le chien de Jean d'Nivelle.
Ah ! Ah ! Ah ! oui vraiment,
Cadet Rousselle est bon enfant.

Cadet Rousselle a trois beaux chats,
Qui n'attrapent jamais les rats.
Le troisièm' n'a pas de prunelles,
Il monte au grenier sans chandelle.
Ah ! Ah ! Ah ! oui vraiment,
Cadet Rousselle est bon enfant.

Il pleut, il pleut, bergère

On doit les jolies paroles de cette chanson au poète Philippe Fabre d'Églantine, né à Carcassonne en 1750, et mort - sur l'échafaud - en 1794. Il fut aussi l'auteur du calendrier républicain, institué par la Convention nationale le 24 octobre 1793. L'année commençait à l'équinoxe d'automne, le 22 septembre, et les

Il pleut, il pleut, bergère,
Rentre tes blancs moutons ;
Allons à ma chaumière,
Bergère, vite allons.
J'entends sur le feuillage,
L'eau qui coule à grand bruit ;
Voici venir l'orage,
Voilà l'éclair qui luit.

Entends-tu le tonnerre ?
Il gronde en approchant ;
Prends un abri, bergère,
A ma droite, en marchant.
Je vois notre cabane,
Et, tiens, voici venir
Ma mère et ma sœur Anne
Qui vont l'étable ouvrir.

Bonsoir, bonsoir, ma mère,
Ma sœur Anne, bonsoir ;
J'amène ma bergère,
Près de vous pour ce soir.
Va te sécher, ma mie,
Auprès de nos tisons ;
Sœur, fais-lui compagnie,
Entrez, petits moutons !

Soupons, prends cette chaise,
Tu seras près de moi ;
Ce flambeau de mélèze
Brûlera devant toi ;
Goûte de ce laitage !
Mais tu ne manges pas ?
Tu te sens de l'orage,
Il a lassé tes pas.

Eh bien ! voilà ta couche,
Dors-y jusques au jour ;
Laisse-moi de ta bouche
Entendre un mot d'amour.
Ne rougis pas, bergère,
Ma mère et moi, demain,
Nous irons chez ton père
Lui demander ta main.

mois avaient reçu de nouveaux noms très évocateurs des saisons : brumaire (mois des brumes), floréal (des fleurs), fructidor (des fruits)...

Le temps des cerises

Quand nous chanterons le temps des cerises
Sifflera bien mieux le merle moqueur !

*C'est à l'origine une
chanson d'amour écrite
par J.-B. Clément à Montmartre en 1866, publiée dès 1868. Rien
ne laissait présager qu'elle symboliserait à jamais la Commune de 1871.
Lorsque Clément, qui avait participé aux barricades revient
de 10 ans d'exil à Londres, il découvre
sa pastorale, devenue
le « temps de la commune ».*

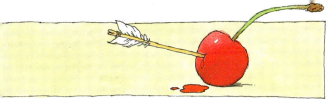

Quand nous chanterons le temps des cerises
Et gai rossignol, et merle moqueur
Seront tous en fête,
Les belles auront la folie en tête
Et les amoureux, du soleil au cœur.

Mais il est bien court le temps des cerises
Où l'on s'en va deux cueillir en rêvant
Des pendants d'oreilles
Cerises d'amour aux robes pareilles
Tombant sous la feuille en gouttes de sang
Mais il est bien court le temps des cerises
Pendant de corail qu'on cueille en rêvant.

Quand vous en serez au temps des cerises
Si vous avez peur des chagrins d'amour
Evitez les belles !
Moi qui ne crains pas les peines cruelles
Je ne vivrai point sans souffrir un jour
Quand vous en serez au temps des cerises
Vous aurez aussi des peines d'amour !

J'aimerai toujours le temps des cerises
C'est de ce temps-là que je garde au cœur
Une plaie ouverte
Et Dame Fortune en m'étant offerte
Ne pourra jamais fermer ma douleur
J'aimerai toujours le temps des cerises
Et le souvenir que je garde au cœur.

Bon voyage, Monsieur Dumollet

Refrain
Bon voyage, Monsieur Dumollet,
A Saint-Malo débarquez
   sans naufrage,
Bon voyage, Monsieur Dumollet,
Et revenez si le pays vous plaît.

Mais si vous allez voir la capitale,
Méfiez-vous des voleurs, des amis,
Des billets doux, des coups,
   de la cabale,
Des pistolets et des torticolis.

Là, vous verrez, les deux mains
   dans les poches,
Aller, venir des sages et des fous,
Des gens bien faits, des tordus,
   des bancroches,
Nul ne sera jambé si bien que vous.

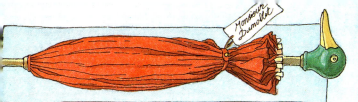

Des polissons vous feront bien des niches,
A votre nez riront bien des valets,
Craignez surtout les barbets, les caniches,
Car ils voudront caresser vos mollets.

L'air de la mer peut vous être contraire,
Pour vos bas bleus, les flots sont un écueil ;
Si ce séjour venait à vous déplaire,
Revenez-nous avec bon pied bon œil.

Marc-Antoine Désaugiers, membre du cercle des chansonniers qui se réunissaient au restaurant le Rocher de Cancale, *rue Montorgueil, à Paris, écrivit une comédie en un acte chantée et dansée :* Le Départ pour Saint-Malo, *appelée aussi* L'intrigue de l'escalier, *qui fut représentée pour la première fois au théâtre des Variétés-Panorama, le 25 juillet 1809. La chanson :* Bon voyage, Monsieur Dumollet *en constitue le morceau final.*

Perrine était servante

Chanson folklorique originaire de l'ouest de la France et, plus précisément du Poitou, Perrine est une ronde à mimer, à trois personnages, dont on peut chanter les premiers vers en solo puis reprendre les bis en chœur.

Perrine était servante *(bis)*
Chez monsieur le curé
Digue don ma dondaine
Chez monsieur le curé
Digue don ma dondé.

Son galant vint la vouère *(bis)*
Le soir après souper
Digue don ma dondaine
Le soir après souper
Digue don ma dondé.

V'là m'sieur l'curé qu'arrive *(bis)*
Où vais-je me cacher ?
Digue don ma dondaine
Où vais-je me cacher
Digue don ma dondé.

Cache-te dans tio grand coffre *(bis)*
Y port'rai à manger
Digue don ma dondaine
Y port'rai à manger
Digue don ma dondé.

Mais pendant trois semaines *(bis)*
La bell' l'a oublié
Digue don ma dondaine
La bell' l'a oublié
Digue don ma dondé.

Au bout de trois semaines *(bis)*
Les rats l'avions mangé
Digue don ma dondaine
Les rats l'avions mangé
Digue don ma dondé.

Y n'restait plus qu'ses chausses *(bis)*
Et l'bouton d'son gilet
Digue don ma dondaine
Et l'bouton d'son gilet
Digue don ma dondé.

V'là c'que c'est qu'd'aller vouère *(bis)*
Les filles après souper
Digue don ma dondaine
Les filles après souper
Digue don ma dondé.

Auprès de ma blonde

Cette chanson de marche est bien ancienne, elle rythmait déjà les déplacements des soldats français durant la guerre de Trente Ans que Louis XIII et Richelieu menèrent à partir de 1635 contre l'Autriche.

Dans les jardins d'mon père
Les lilas sont fleuris, } *(bis)*
Tous les oiseaux du monde
Vienn't y faire leurs nids.

Refrain
Auprès de ma blonde
Qu'il fait bon, fait bon, fait bon,
Auprès de ma blonde
Qu'il fait bon dormir.

Tous les oiseaux du monde
Vienn't y faire leurs nids,
La caill', la tourterelle
Et la joli' perdrix.

La caill', la tourterelle
Et la joli' perdrix
Et ma joli' colombe
Qui chante jour et nuit.

Et ma joli' colombe
Qui chante jour et nuit,
Ell' chante pour les filles
Qui n'ont pas de mari.

Ell' chante pour les filles
Qui n'ont pas de mari.
Pour moi ne chante guère
Car j'en ai un joli.

Pour moi ne chante guère
Car j'en ai un joli.
- Mais dites-moi donc belle
Où est votre mari ?

- Mais dites-moi donc belle
Où est votre mari.
- Il est dans la Hollande,
Les Hollandais l'ont pris !

- Il est dans la Hollande,
- Les Hollandais l'ont pris !
- Que donneriez-vous, belle,
A qui l'ira quéri ?

- Que donneriez-vous, belle,
A qui l'ira quéri ?
- Je donnerais Touraine,
Paris et Saint-Denis.

- Je donnerais Touraine,
Paris et Saint-Denis,
Les tours de Notre-Dame,
Le clocher d' mon pays.

- Les tours de Notre-Dame,
Le clocher d' mon pays.
Et ma joli' colombe
Qui chante jour et nuit.

A la claire fontaine

C'est en 1534 qu'un navigateur de Saint-Malo, Jacques Cartier, débarqua dans la baie des Chaleurs et prit possession du Canada au nom de la France, avant de remonter le fleuve Saint-Laurent jusqu'aux lieux qui devaient s'appeler plus tard Québec et Montréal. Mais

A la claire fontaine
M'en allant promener,
J'ai trouvé l'eau si belle
Que je m'y suis baignée.

Refrain
Il y'a longtemps que je t'aime,
Jamais je ne t'oublierai !

Sous les feuilles d'un chêne
Je me suis fait sécher ;
Sur la plus haute branche
Le rossignol chantait.

Chante, rossignol, chante,
Toi qui as le cœur gai,
Tu as le cœur à rire...
Moi je l'ai à pleurer !

J'ai perdu mon ami,
Sans l'avoir mérité,
Pour un bouquet de roses
Que je lui refusai.

Je voudrais que la rose
Fût encore au rosier,
Et que mon doux ami
Fût encore à m'aimer.

c'est seulement deux siècles plus tard que A la claire fontaine *naquit sur les lèvres des soldats français du marquis Louis de Montcalm, venu défendre la Nouvelle-France contre l'envahisseur anglais.*

V'là l' bon vent

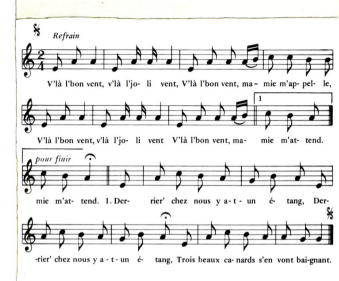

V'là l'bon vent, v'là l'jo-li vent, V'là l'bon vent, ma- mie m'ap-pel- le,
V'là l'bon vent, v'là l'jo-li vent V'là l'bon vent, ma- mie m'at- tend.
mie m'at-tend. 1. Der- rier' chez nous y a-t- un é- tang, Der-
-rier' chez nous y a-t-un é- tang, Trois beaux ca-nards s'en vont bai-gnant.

Agréable mélodie de type ancien dont les paroles

Derrièr' chez nous y a-t-un étang *(bis)*
Trois beaux canards s'en vont baignant.

Refrain
V'là l' bon vent, v'là l' joli vent
V'là l' bon vent, ma mie m'appelle,
V'là l' bon vent, v'là l' joli vent
V'là l' bon vent, ma mie m'attend.

Le fils du Roi s'en va chassant *(bis)*
Avec son beau fusil d'argent.

Visa le noir, tua le blanc.
- O fils du Roi, tu es méchant.

D'avoir tué mon canard blanc !
Par-dessous l'aile il perd son sang.

Par les yeux lui sort des diamants,
Et par le bec l'or et l'argent.

Toutes ses plum's s'en vont au vent,
Trois dam's s'en vont les ramassant.

C'est pour en faire un lit de camp
Pour y coucher tous les passants.

n'ont qu'une quarantaine d'années.

Le roi Arthur

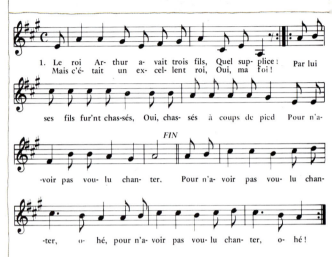

Cette chanson amusante — et morale ! — date du début de ce siècle. Qui est le roi Arthur ? Peut-être ce souverain légendaire

Le roi Arthur avait trois fils,
Quel supplice !
Mais c'était un excellent roi,
Oui, ma foi !
Par lui ses fils fur'nt chassés,
Oui, chassés à coups de pied
Pour n'avoir pas voulu chanter.

Pour n'avoir pas voulu chanter, ohé
Pour n'avoir pas voulu chanter, ohé
Par lui ses fils fur'nt chassés,
Oui, chassés à coups de pied
Pour n'avoir pas voulu chanter.

Le premier fils se fit meunier,
C'est bien vrai !

Le second se fit tisserand,
Oui, vraiment !
Le troisième se fit commis
D'un tailleur de son pays,
Pour n'avoir pas voulu chanter.

Pour n'avoir pas voulu chanter, ohé
Pour n'avoir pas voulu chanter, ohé
Le troisième se fit commis
D'un tailleur de son pays,
Pour n'avoir pas voulu chanter.

du Pays de Galles au VIe siècle, héros des romans moyenâgeux de la Table Ronde, ou l'un de ces ducs de Bretagne, des XIIe et XIIIe siècles, restés si populaires.

Le premier fils volait du blé,
C'est bien laid !
Le second fils volait du fil,
C'est bien vil !
Et le commis du tailleur
Volait du drap à toute heure,
Pour en habiller ses deux sœurs.

Pour n'avoir pas voulu chanter, ohé
Pour n'avoir pas voulu chanter, ohé

Dans l'éclus' le meunier s'noya
Ha, ha, ha !
A son fil le tiss'rand s'pendit
Hi, hi, hi !
Et le diabl' mis en furie
Emporta le p'tit commis
Un rouleau de drap sous son bras.

Pour n'avoir pas voulu chanter,
 ohé
Pour n'avoir pas voulu chanter,
 ohé

Sur la route de Louviers

1. Sur la route de Louviers ─── Sur la route de Louviers ─── Y avait un cantonnier ─── Y avait un cantonnier ─── Et qui cassait ─── Des tas d'cailloux ─── Et qui cassait des tas d'cailloux ─── Pour mettr' su' l'passage des roues ─── Un' bell'

Un' bell' dam' vint à passer *(bis)*
Dans un beau carross' doré *(bis)*
Et qui lui dit : *(bis)*
- Pauv' cantonnier *(bis)*
Et qui lui dit : - Pauv' cantonnier !
Tu fais un fichu métier !

Le cantonnier lui répond :
- Faut qu' j' nourrissions nos garçons
Car si j' roulions
Carross' comm' vous
Car si j'roulions carross' comm' vous,
Je n' casserions pas d' cailloux !

Cette répons' se fait r'marquer
Par sa grande simplicité
C'est c' qui prouv' que
Les malheureux
C'est c' qui prouv' que les malheureux
S'ils le sont, c'est malgré eux.

Cette chanson est née en Île-de-France vers 1820.

Le vieux chalet

Sur un air suisse ancien, on a écrit des paroles modernes qui ont connu, durant la dernière guerre, un immense succès

Là-haut sur la montagne
L'était un vieux chalet ; } *(bis)*
Murs blancs, toit de bardeaux,
Devant la porte un vieux bouleau.
Là-haut sur la montagne
L'était un vieux chalet.

Là-haut sur la montagne
Croula le vieux chalet ; } *(bis)*
La neige et les rochers
S'étaient unis pour l'arracher.
Là-haut sur la montagne
Croula le vieux chalet.

Là-haut sur la montagne,
Quand Jean vint au chalet ;
Pleura de tout son cœur
Sur les débris de son bonheur.
Là-haut sur la montagne,
Quand Jean vint au chalet.

Là-haut sur la montagne
L'est un nouveau chalet ;
Car Jean d'un cœur vaillant
L'a rebâti plus beau qu'avant.
Là-haut sur la montagne
L'est un nouveau chalet.

en France occupée. Cette chanson symbolisait, pour les jeunes, l'espoir d'une libération. On avait même pris l'habitude de la chanter debout, comme on le fait pour un hymne national.

Derrière chez moi

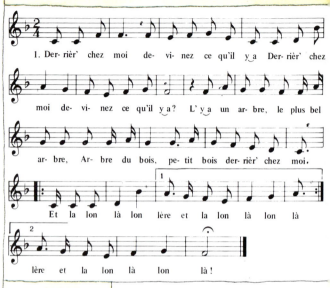

Derrière chez moi devinez ce qu'il y a ?
Derrière chez moi devinez ce qu'il y a ?
L'y a un arbre, le plus bel arbre,
Arbre du bois, petit bois derrièr'chez moi.

Refrain :
Et la lon là lon lère et la lon là lon là
Et la lon là lon lère et la lon là lon là

Et sur cet arbre devinez ce qu'il y a ?
Et sur cet arbre devinez ce qu'il y a ?
Y a un'branche, la plus belle branche
Branche sur l'arbre, arbre du bois,
Petit bois derrière chez moi.

Et sur cett'branche devinez ce qu'il
  y a ?
Y a un'feuille...

Et sur cette feuille...
Y'a un nid...

Et dans ce nid...
Y'a une aile...

Et sur cette aile...
Y'a une plume...

Et sur cette plume...
Y'a un poil (poêle)...

Et dans ce poêle...
Y'a un feu...

Et dans ce feu...
Y'a un arbre...

On connaît, dès 1556, une version polyphonique de cette chanson, composée par Moullu, élève de Josquin des Prés. Elle se chantait en dansant et ouvrait tous les bals. Elle n'a, pour ainsi dire, subi aucune modification depuis le XVIe s.

Sur l'pont du Nord

1. Sur l'pont du Nord, un bal y est don-né, Sur l'pont du Nord, un bal y est don-né.

Le thème de cette chanson est populaire en France depuis le début du XIIIe siècle.

Sur l'pont du Nord, un bal y est donné. *(bis)*

Adèle demande à sa mère d'y aller. *(bis)*

Non, non, ma fille, tu n'iras pas danser.

Monte à sa chambre et se met à pleurer.

Son frère arrive dans un bateau doré.

Ma sœur, ma sœur, qu'as-tu donc à pleurer ?

Maman n'veut pas que j'aille au bal danser.

Mets ta robe blanche et ta ceinture dorée.

Et nous irons tous deux au bal danser.

La première danse, Adèle a bien dansé.

La deuxième danse, le pont s'est écroulé.

Les cloches de Nantes se mirent à sonner.

La mère demande pour qui elles ont sonné.

C'est pour Adèle et votre fils aîné.

Voilà le sort des enfants obstinés.

Qui vont au bal sans y être invités.

La moralité qui lui a été ajoutée en a fait une ronde enfantine.

Sommaire

Vent frais	3
Les compagnons de la Marjolaine	4
Ne pleure pas, Jeannette	7
Malbrough s'en va en guerre	8
Aux marches du palais	12
Cadet Rousselle	14
Il pleut, il pleut, bergère	16
Le temps des cerises	18
Bon voyage, Monsieur Dumollet	20
Perrine était servante	22
Auprès de ma blonde	24
A la claire fontaine	26
V'là le bon vent	28
Le roi Arthur	30
Sur la route de Louviers	32
Le vieux chalet	34
Derrière chez moi	36
Sur l'pont du Nord	38